chili
verlag

GLASAUGENSTERN

101 Gedichte von Alex Dreppec

mit Illustrationen von

Nicola Koch, Axel Röthemeyer,
Eva Simone Scheuermann und
Alex Dreppec

chiliverlag

Zuletzt im chiliverlag erschienen:
Hinter dem Licht – KIMM-Stories (2014)
Zwischen Kuns tRäumen – Roman (2014)
Duftender Sake – Lyrische Schnapsideen (2014)
Morden – Kurzkrimis (2014)
Tag des Zitronenfalters – Kurzgeschichten (2014)
Jetzt anders! – Ein Lesebuch voller Vielfalt und für Toleranz (2014)
Brombeerrausch – raja chili: HOT! Erotikanthologie (2014)
DEUS IUDEX MEUS – Nur Gott ist mein Richter (2014)
Akte 7 – Anatomie des Übels (2014)
Wut, Mut & Herztattoos – Bühnentexte (2014)
nacktschmecken (FSK) (2014)

1. Auflage Januar 2015
(c) chiliverlag, Franziska Röchter, Verl
franchili / 21

Die Rechte an den einzelnen Texten sowie Abbildungen
liegen beim jeweiligen Autor.
Detaillierte bibliographische Daten sind unter http://dnb.
ddb.de bei der Deutschen Nationalbibliographie abrufbar.

Gestaltung, Layout, Lektorat: chiliverlag
Coveridee / Fotos: Alex Dreppec
Illustrationen S. 16, 18, 40, 78, 114: Nicola Koch
S. 28, 56, 58, 69, 70, 71, 72, 138, 144: Axel Röthemeyer
S. 52, 90, 148: Eva Simone Scheuermann
S. 54, 108, 153, 156: Alex Dreppec
S. 5: Ellen Eckardt, bearb. Franziska Röchter
Printed in Germany
ISBN 978-3-943292-21-3   www.chiliverlag.de

FÜR EVA

INHALT

SPALTEST DU DIR DIE PERSÖNLICHKEIT

ANKERLICHT

AUSRASTSTÄTTE

LICHT IN DEN DACHSTUHL

SALBT MICH MIT VIEL NITROGLYZERIN

TAPFERE GESCHÖPFE

GELEITWORT

Der vorliegende Band beinhaltet Gedichte aus mehr als zehn Jahren, mit einem Schwerpunkt auf jüngeren Texten. Nicht alle in diesem Zeitraum geschriebenen Gedichte finden sich hier, einige sind zur Veröffentlichung in anderen Sammlungen vorgesehen, z.B. in einer erweiterten und zweisprachigen Neuveröffentlichung des Stabreim-Alphabets und in einer geplanten Sammlung von Gedichten für Wissenschaftler. Die Mehrzahl der Gedichte ist zuvor einzeln in Anthologien und Zeitschriften erschienen (z.B. in „Das Gedicht", „Exot. Zeitschrift für komische Literatur", „Der deutsche Lyrikkalender", „Versnetze" u.v.a.). Einzelinformationen diesbezüglich finden sich bei Bedarf unter

www.dreppec.de

Im Lichtkegel segelnd

DIE FEGERIN

Nach Lage der Frage heißt's „Feger".
Sehr schräger Sinn.
Sagt man nicht Schwägerin, Trägerin, Jägerin?
Ich Flegel seh' dich, stets im Lichtkegel segelnd,
unentwegt siegend, sich rege bewegend,
vergeben zur Klage verschlagener, hagerer,
Dich stets beäugender Ab-Wegelagerer.
Hab liegend gestriegelt, zum Fliegen bewogen,
von Dir Nudel im Heuhaufen Segen bezogen.

Du zu überzeugenden Neigungen Neigende,
neigt sich der Tag, rege Zuneigung Zeigende,
weswegen verstiegen wir Riegel entriegeln,
die Neigung besiegeln, die Siegel entsiegeln,
uns niederlegen ganz frei von Niederlagen,
um nicht „nach Gelagen beliegen" zu sagen,
du, untrüglich ansteckend, Fiebererregerin,
schräg durch den Sinn fegst Du mir als
die Fegerin.

KARIN

LIBELLE

Tolle Libelle von der Anlegestelle,
zu der ich schneller als die Schallwelle schnelle,
weil ich dich einlullen will, du Libelle,
mach' ich 'ne Welle als Libellengeselle.
Elle für Elle will ich Windstillen killen
mit Sonnenbrillen auf den Vollmondpupillen,
wenn schrille Grillen Abendstillen erfüllen
und Sonnenbrillen die Pupillen verhüllen.
Stell' den schillernden Libellenpropeller
in aller Stille nach Kontrollstellen schneller.
Lass uns schnell auf den Antillenatollen,
da wo Buckelwale Wellen wallen wollen,
die Schatullen voller Knallerknüller füllen
und wie im Thrillertrailer durch alle Idyllen
mit schrillen Hüllen auf prallen Wellen tollen,
bis alle Hüllen fallen, wenn wir fallen wollen.

Aphrodite – Du Granate

Aphrodite – Du Granate,
hör' mal zu, was ich Dir rate.
Aphrodite, bald Erfreute,
sei noch heute meine Beute.
Komm, wir schreiten nun zu Taten
und verbraten die Dukaten.
Was ich täte, was ich böte?
Kneten bis zur Morgenröte.
Aphrodite, Aufgedrehte,
erhöre die Gebete.
Aphrodite, dann geschieht,
was Jesuiten uns verbieten.
Lass uns an den Datteln rütteln
und drei Drittel runterschütteln.
Du bist müde, meine Gute?
Sei doch keine prüde Pute.
Aphrodite, ich verblute
hier Minute für Minute.
Aphrodite – Du Granate,
gib Deiner Stute meine Rute.

An bebenden Abenden

Sie branden aneinander mit sendenden und
summenden
Neuronen, die sich im Flugwind Suchenden,
Findenden, sich tanzend Verbindenden,
in leuchtenden Gegenden
an bebenden Abenden.

Tausend tanzend rotierende Nabelgegenden
umrunden einander, sich drehend und schwingend,
diese einander spielend Aufwind Gebenden,
in leuchtenden Gegenden
an bebenden Abenden.

Sie sind mit schallendem Lächeln in der
Schlinge der Sphärenklänge,
im Gedränge der Menschenmenge Zunge an Zunge,
Wange an Wange
eng umschlungen zugange, für eine Wellenlänge
in leuchtenden Gegenden
an bebenden Abenden.

Sie verschwinden miteinander, diese
neue Sünden Erfindenden,
sie gehen mit den Händen behände den Stunden
auf den Grund, den verdunkelten, blendenden,
in leuchtenden Gegenden
an bebenden Abenden.

Sie sinken ineinander, erkunden
und vollenden die Legenden,
die umeinander rotierenden,
ineinander mündenden,
die der Lenden Lodern lindernde Gaben
gebenden Liebenden,
in leuchtenden Gegenden
an bebenden Abenden.

SPUREN

Wir waren auf Spuren,
verehrten Konturen,
wir waren ambitioniert,
stur, verquer, unsortiert,
zitierten verfroren
verehrte Schimären,
Flöhe in Eselsohren
in halbgaren Sphären.

Wir waren auf Spuren
nach Hormonzäsuren,
wir waren deplatziert,
passioniert, untrainiert,
wir wollten verehren,
verloren uns zirkulär
beim Fährtenklären
im Personenkreisverkehr.

Wir wollten erspüren,
schlugen vor Türen
und leeren Emporen
uns die Nacht um die Ohren,
wir waren auf Fährten,
fortwährenden Touren,
wir waren auf Spuren,
seit Jahren verjährten.

GLATTE GEHWEGPLATTEN
Für die Stadtwerke Groß Umstadt, Winter 2011/2012

Die bei Glatteis die Platten beschritten hatten,
litten ob der Glätte der Stätte inmitten der Platten.
Sie glitten, sie schlitterten, Knochen zersplitterten!
Seelen entglitten und Leichen verwitterten!
Da war nichts zu retten, die Retter ermatteten,
sie bargen mit Schlitten die später Bestatteten,
wonach es die Stadtwerke mächtig zerrüttete,
dass man nicht rechtzeitig Streuschotter schüttete.

DAS KICKT

Wie der da durchblickt –
das kickt.
Wie der das abcheckt –
das kickt.
Wie der Crack das aus dem Eck kriegt,
das kickt, das kickt.
Wie der zack zack den Ball schickt,
sich in Lücken eincheckt,
das kickt, das kickt.

Wie der das einsteckt.
Aus 'nem Ochsen wird Rindshack.
Das schockt die andern im Fanblock.
Wie der zurücksteckt,
zack zurück, wie der andockt,
wie der das ausheckt,
das Deckungsleck auscheckt,
das kickt, das kickt.
Jetzt gibt ne Grafik den Einblick,
wie die Attacke die aufknackt.
Das Land frohlockt wie ein Fanblock,
das kickt, das kickt.

Dann: todschick ist's vollstreckt.
Wie der den reinschickt,
wie der den reinschnickt,
wie der das auscheckt,
guck wie der den reinsteckt,
wie der die heimschickt,
das kickt, das kickt, das kickt.

Attila, vor Afrika

Nix mit Halali, auf nach Helsinki,
Alexandria, Adria, Afrika,
mit dem Sportcoupé von Anno Domini
kommst Du niemals nie heil bis nach Rimini!

Die Charakteristika Deines PKW:
Jeder LKW macht uns zu Pulverschnee.
Ein Sportcoupé mit soviel Patina
fährt man nur unter X Psychopharmaka.

Greif ins Brillenetui, liebes Attili,
lauter Schaumgummi, die Karosserie,
dem PKW fehlt doch das A und O.

Schau doch, nee, nee, alles Pappmaschee.
So auf Welttournee? So ne Schnapsidee!
Verschrotte das Cabrio subito.

PICKNICK

Ich investiere den Postscheck ins Frühstück,
weil ich zack zack den Sack pack zum Picknick
und zum Cognac in den Rucksack Gebäck steck,
entzück Dich, denn schick ist der Anblick,
wenn ich auf Decken Besteck zum Gebäck deck.
Ist's kalt beim Picknick, heißt die Taktik:
Komm in den Schlafsack zum Frühstück
und schluck ohne Hektik den Cognac,
dann geht es im Zickzack durch's Waldstück.

VOODOO RUDI

Ich kürze dir die Schürze mit der Kerze ohne Scherze
oder brenn' dir jede Warze mit der Kerze zu Schwärze.
Ich spiel im Schilf mal mit dem Wolf Golf, ich
surfe in dein Dorf,
stopf ihm den Kopf dort in den Napf und pul' dir
Schorf in den Torf.
Ich sammel' Elchmilch schnell im Molchkelch,
ohne Riegel, ohne Zügel,
ich habe keine Flügel, doch ich kugel mich vom Hügel.
Ich hol' die Quaste aus der Kiste und die
lang vermisste Paste
und schmier' sie dem Klavier, da haste's, auf jede Taste.
Ich bin Voodoo-Rudi und als Meister gepriesen,
denn wenn ich erkältet bin, dann musst du niesen.

Entweihe nicht die Brühe mit der Zehe, du Laie,
oder ich haue auf die Braue nur auf's Neue zur Weihe.
Ich zerdübel' voller Jubel Nobelmöbel im Nebel,
dann hobel' ich den Pöbel über Kabel und Säbel,
werd' im Puppenschuppen Pappattrappen
mit Pappmachee zusammenpappen,
dann steck' ich sie zusammen und beim Poppen
wird man euch ertappen.
Verdienst du gar Tadel durch unedles Gehudel,
dann triffst du dein Mädel mit genadelter Nudel.
Ich bin Voodoo-Rudi und als Meister gepriesen,
denn wenn ich erkältet bin, dann musst du niesen.

YOGA GAGA

Du mit Deinem Mega-Giga-Voodoo-Gaga-Yoga,
angetan in Fimmel-Fummel-Jedi-Yoda-Toga,
von China bis nach Ghana, von Baku bis Oklahoma
fällt man mit Giga-Gaga-Yoga ins Asana-Koma.
Wer zerschnippelte die Kittel
               für den ganzen Fimmel-Rummel?
Wer viertelte die Gürtel, wer versemmelte
                    den Fummel?
Du kannst die Kolben gilben mit gelben Salben,
während in den Matten alle Milben kalben,
Du mit Deinem Mega-Giga-Voodoo-Gaga-Yoga,
angetan in Fimmel-Fummel-Jedi-Yoda-Toga,
mit Asanas bist Du Bluna von Osaka bis nach Puna,
hältst das Kribbeln in den Gliedern
               für ein Zeichen von Fortuna –
kriegst einst Du Deine Füße bis zum Kopf empor,
dann stell doch Deinen Meisen Deine
                  Hühneraugen vor.

MIENENHUNDE

Im Kreis durch alte Fußabdrücke,
im Abflussbecken der Straßenlücken
bückt er sich nach Zehnpfennigstücken
aus Erinnerungslücken,
spätbarocke Silberlocke zwischen Angstattacken
und versackten Gedächtnisschlacken,
seine Gedanken Zubringerschnecken
auf vergessenen Zubringerstrecken,
strickt in Gedächtnisecken an Galgenstricken
zwischen Tränen- und Leichensäcken,
das Leben ein Notizblock,
kaum zu flicken,
aus Wortbruchstücken.

DIE NACHHUT DER PASSANTEN

Die Nachhut der Passanten zieht
hinter sich her die
Trümmer ihrer Häuser,
auf Rinnstein abonniert, swingt
zu Bipolar-Bebop
am baumlosen Berg
an Mauern entlang
im Schneckenüberschall.

Die Nachhut der Passanten, ver-
einzelt und verstreut von
vergangenen Kämpfen, sucht
vollen Unterhalt in
karger Unterhaltung, sucht ihr
Selbst in Selbstgesprächen: was wir in
alten Jahren waren und in
neuen Jahren wären.

Die Nachhut der Passanten zieht
hinter sich her die
Trümmer ihrer Zimmer, an
Schnüren aufgereiht, und
bleibt bis zum Morgen unter
Augustins Baldachin
in der ungeteilten
Obhut des Asphalts.

Mienenhunde

Bleiben wir Mienenhunde,
können wir Minen räumen
in jeder blauen Stunde
zwischen den Lindenbäumen.
Mit Mienen, die noch markieren,
wo vorher Grenzen waren,
die sie noch eingravieren,
wenn wir darüber fahren:
Minen, die unvergraben
zwischen den Menschen liegen
und etwas Ruhe haben,
bis sie sich neu bekriegen.

SPURRILLEN

Crashkurs in Bruchlandung.
Von der Drehbühne
geschleudert in Vagabundes Republik.
Man gabelt sie
auf bei komatösen Käuzen
im Labyrinnstein.
„Sei dein eigener Pfeil und schieß'
Dich in den Himmel",
sagt sie. Man schließt sie
weg. Sie findet den Weg,
sucht das Weite im Traum
zwischen Latschenkiefern,
spiegelt sich in einer Pfütze
(die Falten sind nur Wellen)
und schlägt sich in die Büsche.
Dann ist sie ihr eigener Pfeil und
schießt sich in den Himmel.

Plankton weht im Wind,
durch überdüngte Straßen
im Straßengekröse
der Weichteile der Stadt.
Bei den Underberg-Underdogs,
beim Cityring aus Strass,
kickt ein Chamäleon auf Chrom
zerknülltes Kaugummipapier
und doublet sich selbst.

Am Straßenrand Nacktaktricen,
Remakeup in der Traumfabrik
                der Chemoküchen,
den Blick weggeblendet,
zeitlupenrein, tonspurlos,
stille Koloratur.
Der Cutter schneidet sich.
Großaufnahme bis zur Notaufnahme.
Du wirst weggeblendet.
Double dich selbst.

KRONE DER STADT

Wenn am Lui die rote Sonne im Darm versinkt,
der Rushhour-Tag hinter Straßenbahntüren verklingt,
wachsen Schatten aus den sie beschützenden
                                        Lücken und Ecken
an den Wänden hinauf, bis sie sich bis zum Himmel
                                        erstrecken,
dann schalte auf Nachsicht, dann schalte auf Nachtsicht
                                        und gehe hinaus,
führt die Nacht in der Mitte der Stadt doch ihr
                                        eigenes Warenhaus.
Sie zeigt mit dem Zepter – im Sperrmüll gefunden,
                                        mit tausend Karat –
dahin, wo sie thront, unterm Dach dieser Goldenen
                                        Krone der Stadt
und auf die Insignien, unter der Schrift eine helle,
prächtige Nachtmenschen-Prachtmenschen-
                                        Sammelpunktstelle.

Nun auf, auf ein Wort am Empfang, nach dem
                              Schlangestehn, Tatendrang,
der Stempel ist Siegelring, aus einer Schwingtüre
                              klingt der Klang,
der Schritte auf der Plattenmitte in rhythmische
                              Bahnen lenkt,
am Ausschank wird einmal gut ausgeteilt und
                              einmal eingeschenkt.
Hier gilt der Dynastie „Tänzer und Tänzerin"
                              der Applaus,
das ist Spektakel und fettes Bankett, altes
                              Herrschaftshaus.
In der felsigen Bar wird man unter den
                              Rauchspiegel tauchen,
wo noch Sargnägel glühen und die Flügel
                              der Nase selbst rauchen.
Gleich vorn der Punkt, der in die Kehle rauscht,
                              das ist der Worte Hort
und das ist der Thron für uns, klingt das Glas,
                              nimm diesen Ort beim Wort.

Eine Hand über Köpfen.
Wem wird sie gereicht?
Sie schnipst mit den Fingern.
Zeigt ins Auge des Sturms.
Manikürt von Tauben
und Feinstaubgebläse
feilt sie sich die Nägel nachts,
wenn Regen durch Finger rinnt.
Sie verweist Stadt und Welt
vom Kopf- in den Handstand,
ertastet die Wolken
und näht ihnen Knöpfe an.

Turmhoher Fingerzeig,
fünfmal hoch im Himmel:
Nimm Windproben mit
taubefeuchteten Fingern
dort, wo man sich in
feste Hände begibt
(Scheidung vollzieht sich
in Niederungen).
Lebenslinien auf Kupfer,
Adern aus Ziegelstein.
Reck dich und zieh dem
Himmel die Wolken aus.

Am Bahnsteig zwischen Aufbrechenden

Du kommst
Dir alt vor, wo sie
Sich mit Pillen drillen
Was einfahren zum Abfahren
Und beim Einchecken abchecken
Angeregt narkotisiert
Im Anflug zum Abflug
Bei der Ankunft zur Abfahrt

KOPFBAHNHOF

Ich bring' Dich zur Strecke,
auf die Schiene ohne Abstellgleis,
und zahl' die Fahrkarte bar.
Dann pendelst Du zurück,
nimmst teil am Nachtverkehr
mit Nachtsichtneuronen,
nimmst einen Shuttle-Schüttel-Shake
auf den Synapsengleisen,
schießt an der Nacht entlang.
Schwebebahn-Drahtseilakt,
endlos verlängerter Bahnsteig,
abschwellende Schwellen.
Fahr in den Kopfbahnhof ein,
wo man mehrspurig fährt,
verstreue Fahrkartenschnipsel
und überschreite die Gleise.

FRANKFURT ZAHNLÜCKE MANHATTAN

Fensterlicht wie Augen, ein paar Dächer außer Sicht
Doch diese kühlen Riesen bewegen sich nicht
Vereinzelt, voneinander abgewandt
Wie gegen den Rest der Welt im Widerstand
Zerteilen sie den Himmel mit sparsamem Schnitt
Wie weit geht unser Blick, wie weit führt unser Schritt
Wie tief kann man fallen von dort, wo wir sind
Bedenke, hier gibt's wenig Schutz gegen Wind

Schutt war auch dies in Vergangenheit
Doch wir wissen, hier ist wieder weit und breit
Der einzige Ort, den die Nacht regiert
Und der weiß, wie man Hässlichkeit kompensiert
Wo gefälschte Gangster schleichen
Zwischen Alkohol und anderen Leichen
Schillert ein zerrissenes Bild im Main
Gebrochen in den Wellen, ohne Heiligenschein

Es riecht nach verbranntem
Schnee im Separee.
Die Damen von der Agentur
wurden heimgeschickt.
Unerträgliche Ertragslage.
Keine neue Mission,
keine Neuemission,
vom Ausnahmeeinfall
zum Einnahmeausfall.
Es riecht nach verbranntem Baldrian
in den Chefetagen.
Moribunde Moratorien,
Chefanalysten mit
fiskalischen Analfisteln
denken über einen Standortwechsel
ins Jenseits nach.
Es riecht nach Urin am Eurostandbild.
Lawinen lavieren nicht,
das Weltschneeballsystem rutscht.
Brechende Broker mit
gesplitteten Ehegattinnen sind
als Schuldenbergsteiger auf der Flucht.
Notenbanknöte. Der Geldhahn
krächzt die letzte Note.
Nur Mut: Deshalb verkauft man
doch den Drittwagen nicht.

COCKTAIL

Man nehme Polareis, zerstoße es fein,
versetze es mit einem Schwung CO 2,
nehme vom Fischermann die Innerei'n
und füge Gier, Dummheit und Ignoranz bei.
Mit Letzteren darf man nun wirklich nicht sparen,
dann brechen die Dämme rasch, das wird ein Spaß,
wo gestern noch Küsten und Landstriche waren,
schwimmt dann im Meer etwas menschliches Aas.
Bei uns müssen wir dann die Dämme verstärken.
Beklagt sich mal jemand, dann sagen wir halt:
Sieh's als Teil von des Allmächtigen Werken,
in Bangladesh ist ja das Meer auch nicht kalt.

Tauende Riesen
spucken Süßwasser,
lochen den Golf-
strom ein,
im weißen Rauschen
schwingen
steigende Wellen.
Zwei Sandkörner später:
Die See-
zunge, aufgeschwollen,
leckt eine Insel auf.
Ein Fischer am Ort des Stegs.
Am Tau-
ende nichts.

EISENSTANGE

Wo Feindseligkeit die Blicke trübt,
Der Schädelknochen Gefängnis wird,
Wo Pupillen wie Raster das Licht zerschneiden
Und der Horizont bis zum Gitter reicht

Rotieren die Daumen in kleinen Kreisen
Im vorgeschnittenen, rostfreien Alltag
Sortiert und vergisst man jegliches Außen,
Dreht man unten nach oben und wäscht es nie

Ist mal etwas anders und passt nicht ins Raster,
Dann kommt es zum Ausbruch, doch bricht
                              nicht das Gitter,
Es löst sich daraus nur die Eisenstange,
Mit der man zerschmettert, was anders ist

Die Sache hat vier Haken

Die Sache hat vier Haken,
reißt Organe aus dem Körper.
Des Geistes Grubenlampe
versinkt im braunen Sumpf,
im Austausch steigt's nach oben:
Modergase bilden Blasen.
Im entmenschlichten Gebrüll
fliegt das Hirn hinaus in Brocken.

Die Sache hat vier Haken,
mit denen sie den Tätern
alles Menschliche entreißt.
Ihre Adern pumpen Asche.
Ein Zyklon aus Gift will kommen,
sucht das B als Namensanhang,
hier fängt Schwefel an zu stinken,
dort glimmt Phosphor leise auf.

Die Sache hat vier Haken,
eingedreht in Totenschädel,
sie wollen neu marschieren,
Leben durch den Schornstein pusten,
Schutt und Asche hinterlassen,
doch sie beißen auf Granit bei uns
wie ein lang versteinerter
Tyrannosaurus Rex.

Spaltest du dir die Persönlichkeit

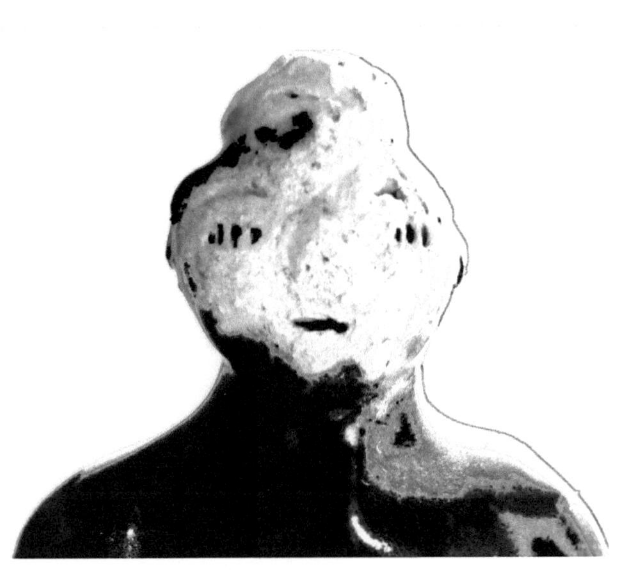

DER ACHTE TAG

Der achte Tag der Schöpfung
Eine Schnittstelle in der Zeit
Digitales Einlesen
Der Kreatürlichkeit
Als Zukunftsmaterial
Schlicht unverwertbar
Schufen wir die Maschine
Die stolz auf uns war

Es ist zwölf vor fünf und was du auch machst –
säg' nie an dem Ast, den du dir lachst.
Bevor im Geiste mal nichts mehr blitzt,
schreib' mit der Tinte, in der du sitzt.
Wenn Spiegelschriften sich widerspiegeln,
verramsch' die Bücher mit sieben Siegeln
und setz' dich, falls Amor mit dem Pfeil nach dir zielt,
auf die Bassbox, wenn der DJ „Good vibrations" spielt.
Willst du nicht sein wie ich, tu' genau was ich tue,
und ich sag' dir tausend Mal: Du brauchst Ruhe!
Ich sag' dir tausend Mal: Du brauchst Ruhe!
Ich sag' dir tausend Mal: Du brauchst Ruhe!

Spaltest du dir die Persönlichkeit, Joe,
dann brauchst du zwei Tickets für meine Show.
Trink' auf Schillers Glocken und Kolumbus' Eier,
sitz' im Zweireiher in der ersten Reihe,
begreife, wie du selbst dir den Weg verstellst,
wenn du „Omen" für den Plural von „Oma" hältst.
Und setz' dich, wenn der Sensenmann nach dir schielt,
auf die Bassbox, wenn der DJ „Good vibrations" spielt.
Im Winter brauchst du festere Schuhe.
Und ich sag' dir tausend Mal: Du brauchst Ruhe!
Ich sag' dir tausend Mal: Du brauchst Ruhe!
Ich sag' dir tausend Mal: Du brauchst Ruhe!

DAS GELÜBDE DES AHMED EL SHALHAB

Der Hüne Ahmed el Shalhab
legte ein Gelübde ab
und schiss dann dreißig Jahre lang
mit Dünnpfiff und mit Normstuhlgang
ein Bild des Gottes Brahma
mit Hilfe seines Lamas
als Umriss in das Steppenland,
zwei Meilen breit von Rand zu Rand.
Man bewunderte sein Lebenswerk
von einem nahen Tafelberg,
erzählte es von Tür zu Tür
und pries den weisen Mann dafür.
Dann ward das Klima wechselhaft.
Es hat der Wüste Raum verschafft.
Viel zu spät sah unser Hüne
eine kleine Wanderdüne.
Sie schliff dem Ahmed el Shalhab
das edle Gottesbildnis ab.
Das war ein Scheiß – wie er befand.
Im Leben hat halt nichts Bestand.

DAS ORAKEL-FERKEL

Ihr brennspiritistischen Knallerbsen!
Esoterik, Esoterika für Erik und für Erika?
Befragt mal das Orakel-Ferkel.
Es ist eine pyramidale Sau.
Es ist unglaublich glaubwürdig
mit Monokel und ohne Makel.
Es grunzt Mantras und scheißt Euch
Fragezeichen vor die Hadeshütte.
Es ist sogar eine parapyramidale Sau!
Es markiert mit seinen Knödeln
Landebahnen für Außerirdische
und schwingt Oinks auf die Planken.
So ganz nebenbei. Es kennt:
alle Beschwörungsformeln
beliebter Verschwörungstheorien,
die Talismane der Schamanen der
                         Bananenrepublik,
Unterhaltung durch Wunderheilung,
und es flötet wie ein Wahrsager.
Es trinkt Geist aus Himbeeren,
knetet Gnome aus Knödeln,
liest die Zukunft nihilistisch aus Nilfischgräten,
vermittelt Poltergeister für den Polterabend,
ist am Tresen ein Wiedergänger
und sagt: Habt Mitleid mit der Mitternacht,
                         Geisterseher,
es ist doch eine derart schöne Zeit.

KNOTE DAS MORGENTAU

Wir sind Zukunftsazubis,
werfen Anker
vorbei an den Erlösbuden,
vorbei an den Seelentankern,
an den Gummiluftschlössern
mit Autoventil
und telefonieren kabellos mit dem Kabeljau.
Wir knoten das Morgentau,
ziehen die Köpfe
aus der Schlange
und haben immer'n Libretto
in petto.

WISST IHR JETZT MEHR

Funkspruch an Samuel Beckett und Eugene Ionescou
(Antwort bleibt aus)

Der Sprung in der Tasse ist das Signal:
So fallen die Trauben, werden Rosinen.
Nach diesem Endspiel zum Abendmahl
Naht der Zug dem Kopf auf den Schienen.
Godot lässt nicht mehr warten, schwarz ist der Rahmen,
Der Zeiger rückt weiter für alle Zeit.
Der Wind nimmt die Feder, vertrocknet den Samen.
Wartest du, Samuel, in der Ewigkeit?

Kahl ins Nirwana der Sängerin Knochen,
Der letzte der Koffer vergraben, gepackt.
Seht, dort schwebt die Feder, das Glas ist gebrochen,
Der König gestorben, konkret und abstrakt.
Wollte dem Tod wohl das Leben rauben.
Vermisst ihr die Toten, die Toten das Leben?
Konnte nicht glauben und nicht an nichts glauben.
Weißt du jetzt mehr, Eugene, hat sich's ergeben?

AMBIVALENTINE

Ihre Züge sind verbogen,
überzeichnet, überzogen
wie für Bühnen aus der Ferne,
dennoch wollte er sich gerne
und nur am Neujahrsmorgen
ambulant mit ihr versorgen.
Virtuelle Amazone,
Zweifeltochter, zweifelsohne
war ihr dreizehnter Gemahl
wiederum nur dritte Wahl.
Keine Zeit für Valentine.
Sie spritzte sich Toxine.

Nachmittagsfernsehen

„Man kann wirklich nicht wissen, ob man nicht jetzt
im Tollhaus sitzt." - Georg Christoph Lichtenberg -

Statist im eig'nen Leben, sei zum Abstumpfen bereit,
und halt ein Auge auf dem Bildschirm die ganze Zeit.
Die Ideen dieser Medien-Menschen-Schwafel-
Schwadron
sind universell wirksam als das Gegenhormon,
sie sind trostlos amüsant, abstumpfend laut
und überspannt,
einstudiert spontan, tiefgreifend uninteressant.
Der Versuch, Sinn zu erfassen oder etwas zu verstehen,
kommt der Bitte gleich: „Oh Herr, mach meinen Blind-
darm sehen."
Sie sind erschütternd langweilig, ausschweifend
monoton
wie tausend Gackerhühner nach der Hirnamputation.
Ganz à la mode, wie man da sitzt,
frisch abgesaugt und aufgespritzt,
doch eins ist noch nicht akkurat:
Es fehlt ein Großhirnimplantat,
sonst implodiert vor Publikum
im Schädel noch das Vakuum.

BLOGGER B

Was soll dieser Spruch, Sprüchesprecher, sprich,
der sich aus dem Auge der Blindschleiche schlich?
Dieses Spruchband, das zu brechen verspricht,
wie die Bauchwand manchmal das Bruchband
                              durchbricht?
Du schreibst mit Affenzahn, bleibst geistig
                              unbeweglich,
durchbrichst die Schwallmauer mehrmals täglich
mit Sprachkonserven, die'n Blechschaden haben,
weil Silbenmilben am Schädel schaben.
Wer wird auf Worte warten, die ohne Wert aufwarten,
wenn diese halbverdaut in Richtung Enddarm starten
im ausgesproch'nen Gerüchte-Gedümpel?
Du Simpel, entrümpele mal Deinen Tümpel.
Denn Sendungsbewusstsein ohne Durchblick,
                              mein Sohn,
ist fast wie Verkehr ohne Erektion.

QUERULANDSCHAFTSBILD

Am Schmähdrescher ein Kleintierjäger,
Protestpilot, Schürhakenschläger.
Zankapfelkuchen backt er schon
als B-Version einer Aversion,
Anzettelwirtschaft, Unsymbol,
Komplottkompott, Neurosenkohl.
Radauerbrenner, Krakeelerkrake
jagt Kinkerlitzchen-Kakerlaken,
Gemäkel gibt's, gespickt mit Makeln,
Menetekel mit Renitentakeln,
Hickhackbraten und Gezank,
Papierkrieger im Einwandschrank
mit 91 Beschwerdebriefen.
Auf dass sie die weißen Kittel riefen.
Denn nirgends steht die Guillotine,
der er trotzt mit Heldenmiene.

PELEITIKUNK

Ich muss Tich Iknoranten
peleitiken, sokleich,
unt feiche Konsonanten
sint tafür viel zu feich.
Tenn Tu pist von Peruf
so tumm wie Kott Tich schuf.
Tu Tummpeutel, Tu plöter,
Tu tepper Sapperköter.
Sei still fenn ich Tich schimpf,
turchkeweichter Fimmerpimpf.
Ich polier Tir tie Visacke nu,
Tu elente Tumpfpacke, Tu!
Tas klinkt vielleicht schon parsch, toch
ohne Vokale erst – T Rschlch,
T trckks, T Fxr, T,
ch nh Tr Tn Rschlch z.
ch plr Tr t Frss
mt ßrstr Fnss.
Kprt?

DIE FRAGE IST

Hättest Du am Kragen haben können
woran ich Dir wollte?
Hätte ich im Urin haben können
was das nun sollte?
Hättest Du entspinnen können sollen
was Du entspannst?
Hättest Du können wollen sollen
was Du mich mal kannst?

Naturtrübe Tasse

Er, der Nachlassverwalter
mit Napoleonsyndrom,
Erster im Rennen
der Paragraphenreiter,
Erster im Tieflug und Tieftrug,
er, der sein Mittelmaß
andren übelnahm,
er, der Wurm mit
Fortwindungsstörungen,
hat stromlinienförmige Freunde,
die seine Ideenarmut ausgleichen
mit formaler Macht
als Ego-Politur.

DIE MORITAT VOM AKROBATEN

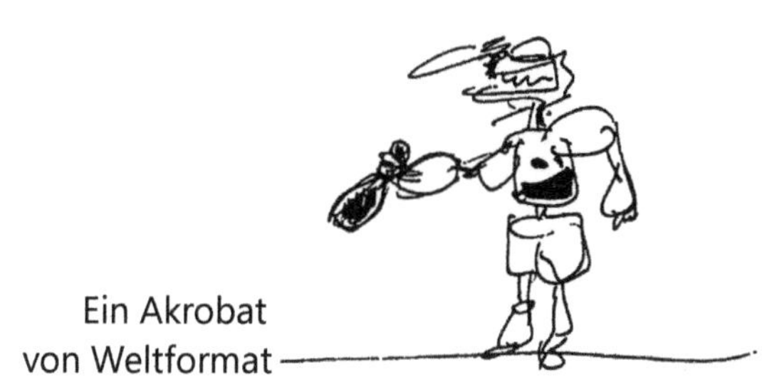

Ein Akrobat
von Weltformat

trank Destillat
und fiel vom Draht.

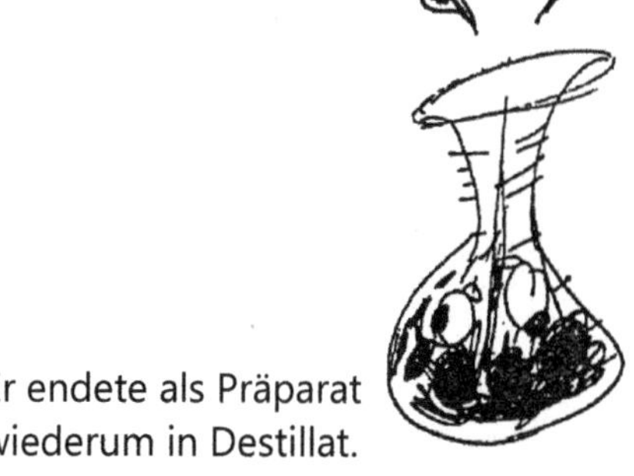

Er endete als Präparat
wiederum in Destillat.

BEDUINE AUF REISEN

Ein Beduine saß in der Latrine.

Da erwischte ihn eine Lawine.

Man fand ihn mit finsterer Miene
in der Latrinenruine.

Nun hasst er alles Alpine.

Man liebt den Überbringer schlechter Nachricht nicht

Kaum las man
die Depesche,

bekam der Bote
Dresche.

Mongole auf Reisen

Ein Mongole trank viel Bowle
und grölte mit Gejohle
dann manch mongolische Parole.

Der Effekt war mehr symbolisch,
denn keiner sprach mongolisch –
da wurde der Mann melancholisch.

Abendrot und Morgenrot

Ein einsamer Pilot
flog mal ins Abendrot.
Im Dunkeln blickte er zurück
und sprach erfreut: „Ein Meisterstück!
Das gleicht dem Morgenrot!"
Da drehte der Pilot
und flog auf diese Weise
sogleich noch ein paar Kreise.

ANKERLICHT

Sommertagfalter

Lang zog sich die kurze Nacht schon in Ecken zurück,
Tagträume flieh'n aus dem Rollladenkasten.
Ich stehe verschlafen in einem Strahl Sonne,
der mir Staubflocken zeigt, die nach draußen wollen.
Meine Schuhe schaben am Boden des Flurs,
verstimmt darauf wartend, dass ich's endlich merke.
Ich ziehe das Wolkenlos aus einem Hut,
löse es ein und öffne das Fenster,
stolzer Tagedieb, der in der Lichtquelle badet
und seine prächtige Beute betrachtet.

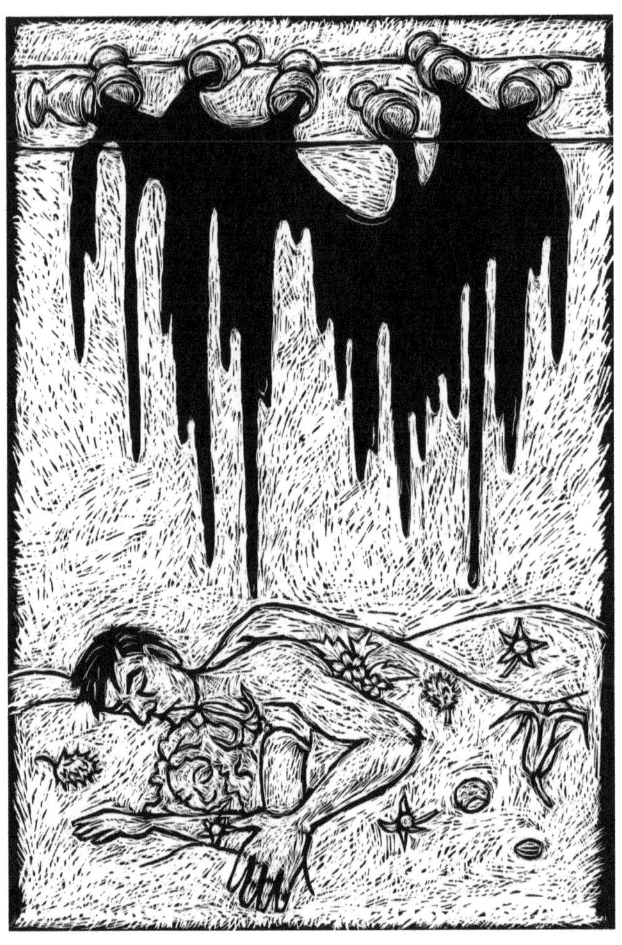

Likör aus Eierbechern

Wir wollten nicht erst nachsehen,
ob's wo kleine Gläser gab,
als ich Likör mit meiner Liebsten aus Eierbechern trank.
Es war halb gegen Morgen und die Vögel sangen schon,
als ich Likör mit meiner Liebsten aus Eierbechern trank.
Das Licht schwankte, der Tisch
wurde zum Floß auf hoher See,
als ich Likör mit meiner Liebsten aus Eierbechern trank.
Wir klebten überall und war'n mit Krümeln bald paniert,
als ich Likör mit meiner Liebsten aus Eierbechern trank.

Vielleicht war's Kirschlikör mit ein paar
kleinen Tollkirschen darin,
mit Muskatnuss und mit Stechapfel
und rotem Löwenohr,
oder Alraunensaft mit Betelnuss und etwas Bilsenkraut,
was ich dort mit meiner Liebsten aus Eierbechern trank.
Man hat mir wohl versiert Engelstrompetensud serviert,
mit Nachtschattenblüten,
die am Küchenboden wuchsen,
als Likör getarnt, in den die grüne Fee gefahren war
und den ich dort mit meiner Liebsten
aus Eierbechern trank.

NACHTGESTIRN

Der Mond kreist um uns,
wir ziehn uns're Kreise,
Elmsfeuer zwischen uns
das einzige Licht.
Dann – ist alles ruhig und
wir treiben ganz leise.
Nachtgestirn, Ankerlicht,
dich schlafend im Angesicht.

MANDELERNTE

Es bleibt nur noch die
Hand auszustrecken
und zwischen den
Ästen hindurchzustreichen.
Es ist Zeit, die
Ernte nach Hause zu bringen.
Man hört nun das Knistern
des Strohs unter Sohlen.
So löst sich die Nacht langsam
aus ihrer Schale.
Fingerspitzen ertasten die Stille
und in zwei Fenstern
erlischt nur ein Licht.

Eins von Deinen Nackenhaaren

Kein Haar will ich Dir krümmen,
aber manche sind schon krumm.
Gib mir eins von Deinen Nackenhaaren als Talisman.
Die sich sträuben, wenn man pustet,
wenn man atmet, wenn man keucht,
gib mir eins von Deinen Nackenhaaren als Talisman.
Aus dem Flaum, den man kaum sieht,
von fragilen, filigranen und pastellfarbenen Stellen
ein geschmeidigseidigleichtes, winzig kleines Souvenir.
Gib mir eins von Deinen Nackenhaaren als Talisman.
Ich klebe es mit Tesafilm in mein Portemonnaie.
                              Was ist nun?
Lässt Du mich mal kurz mit der Pinzette ran?
Gib mir eins von Deinen Nackenhaaren als Talisman.

Pilze sammeln bei Nacht

Wir planen den Aufbruch
Unter regennasser Erde
Wir gehen Pilze sammeln bei Nacht

Du lagerst auf meinem Weg
Wir scheuchen Nachtscharen auf,
Wir gehen Pilze sammeln bei Nacht

Verstreu' mich in die Welt
Lasse Dich auf mir beruhen
Wir gehen Pilze sammeln bei Nacht

Drei Sekunden zwischen
Deinen Lippen und mir
Wir gehen Pilze sammeln bei Nacht

Und dann zwölf Minuten Pause
Von der Zivilisation
Wir gehen Pilze sammeln bei Nacht

Im Schatten

Du bist mein lebendiger,
vielhändiger Traum,
lebst ein zweites Leben
in meinen Gedanken,
sammelst Tannenzapfen
auf dem Schleichweg meiner Träume.

Die Nacht ist der Erde eigener Schatten,
der zwischen uns und der Sonne steht.

Genug gelaufen
auf lauten Sohlen
über's Heftigpflaster
der benachTbarten Stadt,
vor uns liegt die Herberge
„Zum kleinen weißen Tod".

Die Nacht ist der Erde eigener Schatten,
der zwischen uns und der Sonne steht.

RAUCHZEICHEN

Die grüne Blende fährt zurück
in Irishüllen,
bis man von dir nur noch
Schwarzes und Weißes sieht.
Ich falle dir ins Auge, durch
diese Pupille,
durch die der weiße Rauch
zu mir hinüber zieht.
Schwarze Tusche verschmiert
die Katakombenwege,
deren Spur sich verliert,
auf die sich zwei Blicke legen.
Die sich jetzt verbinden.
Und ihren Pakt besiegeln.
Bis konvex, konkav sich finden
und ineinander spiegeln.

Ich war müde. Sie aß Penne

Ich war müde. Sie aß Penne.
Wir zwei in der alten „Tenne",
kaum mehr Wörter auf der Pfanne,
zwischen müden Alemannen,
ungespülten Kaffekannen.
Dann verließen wir die Tenne,
schritten in der Abendsonne
an die Tennen-Biotonne,
sie ganz müde Kriegerin,
ich ganz ohne Widersinn,
und wir schmissen uns voll Wonne
in die Tennen-Biotonne.

Die raue Schale klein zu kriegen
ist der Ort gut vorbereitet:
Hammer, Meißel, Schlegel liegen
in der Werkstatt ausgebreitet.

Plant er, sie sanft anzufassen,
nähert er sich ihrer Haut?
Wird er sie bekleidet lassen?
Was der Bildhauer sich traut?

Der Schleier bröckelt, splittert morgen.
Das Rätsel löst sich daher bald,
bleibt nicht mehr im Stein verborgen.
Sie lächelt schon durch einen Spalt.

SAUEN

Sie wollen sauen.
Sie wollen in Saunen sauen,
sie wollen in Daunen sauen,
sie wollen sauen.
Sie wollen sauen.
Sie wollen in Dünen sauen,
sie wollen im Grünen sauen,
sie wollen sauen.
Sie wollen sauen,
die, die sich an Lenden verbinden,
für Stunden verschwinden,
an Stränden versanden,
in Sünden verbunden
nicht pferden, nicht hühnern,
nicht fischen, nicht hunden,
nicht Vögeln
zuschauen.
Sie wollen sauen.

UNTER PINIEN, UNTER GÜRTELLINIEN

Ich lass die Finger von Dir
                          ... lecken,
denn ich muss Dir mal was stecken:
Ich will bei Tannen oder auch unter Pinien,
oder unter Röcken oder Gürtellinien
– auf alle Fälle jetzt und auf der Stelle
und zu beider Leiber stillem Wohlgefallen –
mich mit Dir verschwiegen
in die Haare kriegen
unter Gürtellinien,
unter Gürtelschnallen
aufeinanderprallen.

Wenn wir uns verlaufen,
lass uns Schamhaar raufen,
bei trock'nen Sachverhalten
lass uns Schamhaar spalten.
Nimm dies Attentat,
ohne Dich zu schämen:
Du brauchst kein Feigenblatt
vor die Dattel nehmen.

FRUCHTKÖRPER

Wo Wurzeln die Krume zusammennähen,
Wind und Regen ein Wort in die Erde schreiben,
verdeckt Myzelien Fruchtkörper treiben,
Vögel nach kriechender Beute spähen,

treibt es uns manchmal aus dem Treibhaus hinaus,
bei Sonnenstrahl oder bei warmem Regen
wachsen wir auf der Erde den Wolken entgegen,
beackern wir uns oder hecken uns aus

oder bauen uns an und waschen uns rein,
indem wir mit Tonerde uns balsamieren
beim sommerlichen Herbarium.

Wir sickern in fruchtbares Erdreich ein,
roden und pflügen und renaturieren
uns selbst und die Erde um uns herum.

GEFLÜGELTE ZEILEN

Ihr Lächeln führte mich in die Irre
und diese wiederum hinter's Licht,
sie hat mich auf dem gewissen,
gewissen Etwas
erwischt.
Sie kam in Fluss und ich leistete Folge.
Sie kostete mich den Verstand.
Und trotzdem ließ ich ihr
bei mir
letztlich freie Hand.
Dann ließ sie mir freien Lauf allerorten,
doch der Text endet vor diesem Tor,
er kommt mir
vor geflügelten Worten
ohnehin wie gevögelt vor.

Die Entdeckung der Kopuline durch Idi Weckamin

Zunder bin ich,
wenn du Zündholz bist.
Darum gewähre mir Überschlupf,
Zuschnur zu Auftau –
entschnüre die Senkel,
spar' dir die Strümpfe,
du Ding der Unmöglichkeit,
nimm mich in Fieberhaft,
lass' die Maschen laufen,
roll' Dich aus dem Kragen,
werf' dich für mich aus der Schale
und entschlüpfe dem Schlüpfer,
denn ich will dich erfahren
am eigenen Leib.

OHNE BESONNENHEIT & BESCHATTUNG

„Du" bist nicht nur
Wort der zweiten Person
Vertreib' uns die Zeit
eine Schar Tage
die Kunst der Stunde
die Gunst der Sünde
Du brichst mich über's Knie
ich überstürze dich
Linde Eichel
Lippenblütler
und Schach der Dame

ZWISCHEN KLEINEM UND GROSSEM TOD

Wie man sich bettet,
so steht man –
zwischen Bett und Bahre,
Betttuch und Leichentuch,
Aufglühen, Einäschern,
Urschrei und Urne,
Begattung, Bestattung,
Beischlaf und Beisetzung,
zwischen Kamasutra, Krematorium,
Venus- und Grabhügel,
Laichen und Leiche,
Ständer und Halbmast,
zwischen Schaft und Gruft,
Knutschfleck und Denkmal,
Mausi und Mausoleum.

Die Liebe im Zeitalter des Füllfederhalters

Verehrteste, sagt, darf ich offen
sehnend schreiben, darf ich hoffen,
dass es Euch nicht konsterniert,
wenn ich –TINTENFLECK– –VERWISCHT–
                      –VERSCHMIERT–
Bei der Eiche träf' ich Euch gern zwecks
–VERSCHMIERT– im Mondlicht –TINTENKLECKS–
und zwar am –TINTENFLECK– so gegen neun.
–VERSCHMIERT– ich mich auf Antwort freu'n?

Verehrtester, ich will mich eilen,
zu antworten auf liebe Zeilen.
Das heißt – sie wären lieb gewesen,
allein: Ich konnte sie kaum lesen.
Es würde Euch zum Ruhm gereichen,
würde keine Zeit verstreichen
und ihr schriebet nochmals mir.
Doch diesmal ohne Klecksgeschmier!

Verehrteste, Ihr findet mich
–TINTENFLECK– und untröstlich,
–DOPPELKLECKS– und rastlos gar.
So will ich denn nun –UNLESBAR–.
Auf –TINTENFLECK– hoff' ich nun zwecks
Versöhnung, liebste –TINTENKLECKS–
Seid ihr –TINTENFLECK– noch mein?
So schlimm wird es ja nun nicht sein.

Nein! Welch wurstgleiche Tentakel
schufen derartig' Gekrakel?
Euch Schmierfink führt entweder
nackter Irrsinn schon die Feder
oder Euch, Ihr Einfaltspinsel,
plagt im Schädel ein Gerinnsel,
das die Hand schon zittrig macht.
Darum lebt wohl und: Gute Nacht.

–TINTENFLECK– denn unerhört
–VOLLGEKLECKST– und recht verstört
–UNLESERLICH– –VERFLECKT– im Stillen
–KLECKS– und ohne bösen Willen
–TINTENFLECK– und –SCHMIEREREI–
–KLECKS– dass die Liebe stärker sei!
–RIESENKLECKS– –VERSCHMIERT– und dann
komm zum Vorsprechen ich an.

Genug vom klecksverhexten Text,
Ihr Lump habt es zu Klump gekleckst.
Ich statuier' an Eu'rem Krempel
grad im Ofen ein Exempel.
Nähert Ihr Euch mir, Ihr Simpel,
dann verzieh' ich Euch den Wimpel.
Ich werd' Euch mit dem Bügel prügeln
und Euch das Hemd am Leibe bügeln.

Inky Interchange

„**Inamorata**, impassion, invaluable!
Is infatuation imaginable?
Innermostly –INKSTAIN– increasingly,
–ILLEGIBLE– immeasurability!
Is it –IMPALPABLE INDECIPHERABLE–,
intensely –INKY INSCRUTABLE–?
–IMPENETRABLE INKY– insane,
–INKSTAIN–, intensely –INKSTAIN INKSTAIN–!"

„**Inamorato**, illegible information
inhibits intercommunication.
Incredible inkstain infernos impede
impassionate impressions indeed,
imperil intelligibility.
Indecorous inadequacy,
ignobly inkstain-inundated."
Inamorata, incredulously irritated.

„**Inamorata**, is it –INKSTAIN INKSTAIN–?
Infelicitous –INKY INKY– inane!
Imponderable incomprehension!
–INKSTAIN– indubitable –INKSTAIN– intention!
Inconsolably –INKY– infinitude?
–ILLEGIBLE– irrelevant interlude.
–INKSTAIN– ineligible indignation.
–INDEFINITE INKSTAIN– invitation!"

„Infernal incurable idiocy
imposes irrecoverably
imposing impossibilities.
Inexcusable incapacities!
Incredible inky insipidness!
Inkpot-idiot, intuitionless!
Inconceivable ignorance!
Inky imbecile's incompetence!"

ENTHUNZE MICH

anlässlich des Versauens eines von der Herzensdame
gekochten Vanillepuddings durch zu schnelles Abkühlen
im Kühlschrank

Bin ich noch so entleuchtet, vergeistere mich!
Bin entgabt, entsegnet, Entgeisterte, sprich:
Kannst Du nicht entsieben, was ich mal versiebe?
Ich würde ja gehen, wenn ich nicht dabei bliebe:
Kannst Du nicht entgeigen, was ich halt vergeige?
Geht sonst denn die Zuneigung langsam zur Neige?
Es erleichtert doch nichts, wenn Du Dich so beschwerst.
Du solltest erbehren, was Du jetzt entbehrst.
Ich reite auf einer Schlammlawine
zu Tal. Und Du verziehst keine Miene.
Kannst Du nicht entsauen, was ich mal versaue?
Kannst Du nicht umbau'n, was ich mir verbaue?
Soll ich Eimer für Eimer den Schlamm zurücktragen,
und willst Du die ganze Zeit nichts dazu sagen?
Die Arme verschränken und skeptisch schauen
mit hochgezogenen Augenbrauen?
Verbitte Dir bitte die Abbitte nicht!
Entgeisterte, komm und enthunze mich!

AUSRASTSTÄTTE

SEID DOCH MAL BISSCHEN ANALYTISCH

Seid mal bisschen analytisch, ohne Phlegmastigma,
ohne Phlegmadogma, mit Antidogmaparadigma.
Kein Veilchen blüht unverblümt ganz ohne Hintergrund.
Was also predigt ihr Priester dem Schweinehund?
Auf dem Titelblatt des Buches mit sieben Siegeln,
wo sich Schein erzeugende Scheinwerfer spiegeln,
steht ein dralles Götterbild-Ebenbild unbebrillt
und fragt: Hält das Hochwild im Schwarzwald
                                am Stoppschild?

Und so fragt auch ihr nach dem Unding
                          der Möglichkeit
bei jeden gegebenen Weges Gelegenheit.
Denn das Universum entstand, als es auf ihrer Fahrt
durch's Nichts den Niemanden langweilig ward,
die Zahl der Indiobands in Fußgängerzonen
lässt sich weltweit nur noch erklären mit Klonen,
und die Vampire, das werdet ihr auch noch lernen,
sind erfunden worden von Knoblauchkonzernen.

SPARSPIELE

Mit gemeinsprachlichen Stichwörtern,
fies wie „Dolch, Messer, Wespe",
pflegen wir durchaus Umgangssprache,
obwohl sie uns das Wort abschneiden
oder uns eine Müllabfuhr erteilen.
Das kann man nicht wegdeutschen,
wexehen und die Arbeit forzezen –
denn das ist eine NOTWENIGKEIT:
Wir müssen sie / uns richtig miteinander
aussprechen, falsch betonierte Wörter
in Lautschrift (vgl. S. 104, Zeile 7) leiser machen.
Was auch heißt, dass man nicht auf die Unkenrufe
hören sollte.
Oder heißt hier wer „Unke"?
„Unke" ist ein „Un"-Wort, „Rede!" ist ein Sprichwort,
das Zahlwort heißt: „Die Rechnung, bitte".

Modifikationen

Modifikation
Modifikationen
modifiziere
modifizieren
modifizierend
modifizierst
modifiziert
modifizierte
modifiziertem
modifizierten
modifizierter
modifiziertes
modifiziertest
modifiziertet
Modifizierung
Modifizierungen
Modifikationen

SUPERMANIA

Liebe Krawallkarawane
an der Ausraststätte
(Erste-Klassen-Fahrt
fern des Heimatautomaten,
ein Schluck Schnaps in der Kurve,
verdeckt) – das Metametrum
tickt auf Hirn mit Soße.
Programm heute Abend:
Nerven(ver)anstalt(ung)
für die Nebengeräusche
des Zivilisations-Getöses,
ein paar Meter / neben die Spur / verrückt
gegen den DumpVeitstanz
auf den Groove von Gottes Nebelhorn,
Herumtollkirschen im Besessellift,
TranSport mit Fortwindungsstörungen,
vom Rührei gedonnert,
Rauchfänge, Paradocs,
für Fotoscheue / Polaroid-Paranoide
ein Überschnappschuss
mit Durchknalleffekt.

Ein paar Hirnzellen später

Ich bin dein Tippfehler,
der aus den Seiten sprang,
Puls geht voran,
Gedanken folgen.
Mach' einen Vorschlag, Hammer,
folge dem Unterdruss,
das alte Zügellos
nimmt dich in Fieberhaft.
So übt das Tier Rache
am Stein der Weisen,
denn endlich:
Das Delirium schlägt zurück.

BACCHUS

In dieser Stadt, Liebste! Nüchtern Gebliebene!
Trug es sich zu, das für dich hier Beschriebene:
Im Weinkeller Ludwig, beim vierten Glas Wein,
fiel gestern uns plötzlich das Folgende ein:
Sind die Planeten doch, die mit uns kreisen,
um Götter antiker Epochen zu preisen,
nach diesen benannt. Doch als Namen man wählte,
war's ausgerechnet der Weingott, der fehlte.
Wir wollten das ungerne so akzeptieren
und fingen mal an, hin und her zu sinnieren,
welcher Planet, der die Sonne umkreist,
denn nun die nötige Passung aufweist,
um unseren Weingott in ihm zu erkennen
und ihn dann schleunigst mal umzubenennen.
Wir vermieden es, andere Götter zu schmähen.
Namen wie „Mars" blieben daher bestehen.
Die Frage, ob – offen, ob eher verdeckt –
die Farbe noch Assoziationen erweckt,
war glaub' ich noch wichtig – und, ja, genau,
wir fragten uns: Wo gibt es Weinanbau?
Es gab da nur eines, wie jeder befand,
drum haben wir schließlich auch dann kurzerhand
– du erfährst es als Erste, ich geb' es bekannt –
die Erde in „Bacchus" umbenannt.

AUF DEM WEIHNACHTSMARKT

Auf dem Weihnachtsmarkt leuchten
die Lichter und Sterne blinken.
Du kannst Dir die Kehle befeuchten
und ein paar Glühweine trinken

und Du kannst vor allen Dingen
mit ein paar warmen Gedanken
schön „Oh Du fröhliche" singen
und Richtung Heimatstern wanken.

Zuhause werden die Lieben
dann von Erstaunen getrieben
sagen: „Seht mal, der pennt hier

vom vielen Glühweintrinken,
selig, mit rotem Zinken,
so wie Rudolph, das Rentier."

So klug wie Franziskaner

Schreiben Sie mal ein Gedicht mit Smirnoff, Gin, Guinness, Brandy, Calvados, Pastis, Jever, Franziskaner, Paulaner, Veltins und Licher.

Franz saß in der Spelunke
mit Halunken gern beim Trunke.
Er sprach: „Den Schnaps, komm, mach'Smirnoff?",
„Mach' selber auf!", rief Ria schroff,
„Dein Egotrip haut hier nicht hin.
Der Mensch braucht auch GemeinschafGin."
Franz sprach: „Ich beGuinness Rauchen jetzt",
doch die Hölzer war'n mit Bier benetzt.
„Warum Brandy nich?", rief er und schloss:
„Der Paul war's nich, der Calvados!
Was mir an Karl nicht Pastis,
dass er im Suff 'ne Last is.
Das ist jedesmal das Ding.
Weshalb die Lust mir Jever ging."
Karl lallte: „Unser Mahner,
so klug wie Franziskaner.
Doch trinkt er mehr, dann, jede Wette,
hängt er wie Paulaner Toilette.
Und übertreibt er's wieder so,
dann ahn' ich schon: er Veltins Klo.
Da sei Dir mal ganz sicher."
Doch kurz darauf verbLicher.

Das ästhetische Achtel

(Hommage an Christian Morgenstern)

Ich saß im Traum unter 'ner Fichte
und verspachtelte 'ne Wachtel
direkt aus ihrer Feinkost-Wachtelschachtel.
Christian M. sprach nun: „Verzichte!
Verspachtel' nicht die ganze Wachtel,
lass' mir für den Reim davon ein Achtel."

Am Brunnen, vor der Torte

Ein Gläschen Wasser steht für mich bereit.
Zisch an soßwas gewöhnen, das braut sahne Zeit.
Was kraut mir dermußen vor dieser Diät.
Wer am Brunnen wie ich vor der Torte steht,
weiß: flunderläuft er die Regeln, dann knödel ihm Gott.
Mir selbst zum Huhn spann' ich
                              dies schlemme Kompott.
Mir pastetet's nicht, ich Cannelloni kaum leben,
doch's kann kein Brokkoli Keks, nicht ein Fussili geben.

Ohne Rast und Roulade, in kresser Lage,
unbewaffelt, bewachtelt bei Nascht und am Tage.
Das muschel sein, pasta: so, ja, 's gibt keime Wahl,
ich sahne schon, spieß dattel wirkt, wird's butt aal.
Dies buttere Schlucksal, gelee-rt hat's sich, sieh:
parma saufpassen, dorschhalten, scheiblet ist be.
Komm auster Lage heraus, hab jetzt mahl Schnitte,
spargel die Schoten, sonst gries Du die Quitte.

SCHÖPFERKELLE

Wer Schnittlauchverschnitt in den Quark reinhaut,
wer mit Bohnenkraut den Bohnen Kronen baut,
macht auch Geflügel, das alle beflügeln kann.
Also nehm' ich die Schürze und gebe Würze dran.
Sie werden sich um diese Nudeln prügeln:
Ich werde den Teig mit dem Nudelholz bügeln
und schließlich die edelsten Adelsnudeln
ganz ohne zu hudeln mit Soße besudeln.
Wir planen die weltbesten Kirschtorten
da, wo wir im Kochtopf den Hirsch horten.
Die Scholle wird, statt sich ins Meer noch zu retten,
sich freiwillig in feinen Meerettich betten!
Wundern wirst du dich: Einst wird bis nach Flandern
die Kunde von unseren Flundern noch wandern.
Nach Schmoren, Sieden, Brodeln kommt's Schmatzen.
Und dann lassen wir noch die Eisbombe platzen.

Das Osterei ist ein gefundenes Fressen

Trotz all dieses Geweses von dem Wesen der Askese
steckt der Diätling leise nun die Nase in den Käse,
sagt sich weise: „Mach' mal Pause
                    von dem Fastenflausengrausen,
hört, Schwestern: Bald ist Ostern.
                    Ich will tausend Eier schmausen."
Seht! Der Diätling frisst versessen,
                    Majonnaise an der Nase,
mit Getöse eine Schneise in die Nachspeisenoase.
„Dies Gewese von Askese,
                    das sind bloße Angstpsychosen",
sagt der Diätling und verspeist zehn Dosen Aprikosen,
holt den Ochsen aus der Büchse,
                    öffnet Speisekammern-Schleusen,
verspeist zwei Dosenhasen
                    und zwölf Äpfel mit Gehäuse.

Ehrennadel

Resonanzkörper sei er und
schreibe in Lautschrift.
Ultrakurzwellenhoch soll er
Schallrosen zieh'n.
Sein Haus sei ein Freudenhaus,
er Nachtmensch und Prachtmensch,
mit Traubentrieben behängt
und mit Feigenzweigen.
Lautsprecher sei er,
Schall und Rauch, Charivari,
und schreite im Takt
den Frequenzgang hinab.
Knallkörper sei er,
mit Zündschnur im Feuer
und mit Ehrennadeln
reich akupunktiert.

LICHT IN DEN DACHSTUHL

PSYCHEDELISCHE NEBEL-SCHWABEN

Platzregen wie aus einem Guss
auf dem Stuttgarter Schlossplatz:
psychedelische Nebel-Schwaben
vor Wolkenwandbehang.
Schau auf den Regenzeitmesser!
Wir wollen doch nicht den
Weltklimaxwandel verpassen
wie Nulldrucknummern
im Tiefdruckgebiet.
Das Aroma-Barometer steigt
im hiesigen Diesseits,
das diesig ist wie's Jenseits
mit Netz und doppeltem Bodennebel.
    Also: Die Waschküchenschürze an,
        das Wolkenbruchband angelegt,
            den Nebelwandbehang um
                und auf:
        Der Frühnebel kommt spät.

WETTERWECHSEL

Wolkenwandgewänder
stöbern Schneegestöber auf
wo Schneeregen-ten
Rau-reifeprüfung halten,
die auf der Sandbank
mit einem Landstrich
den Wetterwechsel
unterschreiben.
Gefrorener Atem.
Die Wolken klirren,
Gras und Blatt zerspringen,
Straße spiegelglatter Stolperstein,
splitterndes Schlüsselbein.
Werden nach dem Wintereinbruch
die Einbrecher verhaftet?

Wettern für Frühling

Verwitterter Winter, am Taupunkt gelegen,
man knüpft noch immer am Wolkenband.
Imprägnierte Sprayer im sprühenden Regen
sprayen Frühling an eine Wolkenwand.

Ein Wetterwart auf Regentropfenjagd
büßt im Schlamm für gebroch'ne Versprechen.
Da kommen die hin, die wie er ungefragt
sudeln und Bauernregeln brechen.

Frau Holle schüttelt wie außer Kontrolle.
Im Nachtfrost rostet ein Wetterhuhn.
Puste die Eisblumen von deiner Scholle
mit einer Prise Brise, no risk, no Taifun.

EIN LUFTZUG ZUGLUFT

Nimm einen Luftzug Zugluft im Wind,
einen Strahl Sonne,
nur ein Auge offen,
mit dem Du blinzelst,
Zyklop im Zyklon.
Im Sandsturm lädt sich die Sanduhr neu,
man fräst Dir die letzte Winterhaut weg,
Atmosphärendruck von der Seite,
Ventilatorventil,
verjagt die Wolken,
beatmet die Landschaft,
Orkan im Orkus,
Sommerwind.

FAULENZERGEDICHT

Das Buch wollt' ich lesen. Da sinkt es ins Gras.
Ich probier' es: Das taugt nicht wirklich als Kissen.
Es ist mir egal, was ich eben noch las.
Ich weiß es nicht mehr und mag's auch nicht wissen.

Jetzt gähne ich gründlich im Grüngürtelgarten,
zwischen Gänseblümchen nicke ich ein.
Hier kann man so schön auf rein gar nichts warten
und für Junikäfer die Landebahn sein.

Zwischen Halmen senkt sich der Sonnenball nieder,
zwei Ameisen suchen ihr Nachtquartier.
Na gut. Dann troll' ich mich auch mal wieder.
Bis morgen. Dann liege ich wieder hier.

RUHETAG

Glaszerfasertes Wesen
unter Online-Trommeln
in der Hitze der Bits,
stets ein Klingeln in den Ohren,
mehr null als eins
bis zum Eins-eins-null,
Stecker in der Dose,
die Nacht durch, tagaus,
tagein, Nachtausfall,
Tagausfall,

        Stromausfall.
        Funkloch der Elektronen.
        Lass' die Kabel liegen,
        bestaune die Grafikkarte der Welt,
        zieh' dem Geschreibsel den Stöpsel,
        bremse das Gesimse,
        kein Jein, kein Schein, pikfein
        offline
        sein.

ANTISTRESSEXZESS

Wenn uns verbissene Stressmissen dissen,
weil wir uns lässig auf Sofakissen schmissen,
lass uns in diesen Straßen, diesen Gassen
voll Finesse mit krasser Gelassenheit prassen.

Wenn uns stressende Redeflüsse dissen,
sollen die Dissenden Gebisse vermissen,
denn wenn uns miese Stressbosse stressen,
müssen sie aus blassen Schnabeltassen essen.

Um mit passenden Meisterklasse-Grimassen
alles allzu Stressige ausgelassen auszulassen,
lass uns Stressiges mit Raffinesse vergessen,

Tantalustussen Exodusse verpassen,
uns ohne Unterlass mit Sofakissen befassen
und blasse Bosse mit Hornissenpisse benässen.

Die Lorelau

Flussabwärts fuhren mit dem Boot
Marc und Jan, sein Kamerod.
Gen Mittag rief Jan: „Himmel, schau!
Dort auf dem Fels, die Lorelau!"
„Na und", sprach Marc, „wozu so laut,
warum denn diese Furchtsamkaut?"
„Wer", sprach Jan, „für diese Frau
schlecht dichtet, für die Lorelau,
dem Tod alsbald ins Auge schaut!
Ganz wie's die Sage prophezaut!"
Da rief die Frau schon: „Schiffer, kommt!
Doch reimt ihr falsch, seid Ihr verdommt.
Das Wasser riecht hier faulig,
weil and're, die abschaulich
dichteten schon lang vor Euch,
hier modern tief im Schattenreuch."
Jan stotterte nun: „In den Staub
wirft man sich vor Euch schönem Waub!
Man kann nur leise hauchen:
Ihr seid ganz ohneglauchen!"
Sie sprach: „Für Euer Schmeicheln
soll ich Euch nicht ermeicheln?
Sind doch die Verse, die ihr baut,
von übler Miserabligkaut!
Den letzten Nerv mir so zu reiben,
statt die Zeit mir zu vertreiben!"
Marc rief: „Ihr seid so wohlgebaut,
von solcher Appetitlichkaut,
man will in Treu und Glauben
sich selbst für Euch entlauben!"

Sie sprach: „Ihr reimt wie Tattergrause,
versinkt verdient im Sturmgebrause!"
Jan rief: „Oh dunkler Himmel!
Ich hab'nen Heidenbimmel!"
Marc sprach: „Des Flusses schönste Braut,
wir bitten um Barmherzigkaut!
Ich ernähr' der Kinder drei
mit Hecht und Aal und Kabeljei!"
Sie sprach: „Sinkt in den Fluten!
Trotz Eu'rer guten Tuten!
Geht unter mit Gebrause!"
Das war's dann. Dummerwause.

Seetango Argentino

Kahl im Kajak wie Kojak
beim Kojen-Heckcheck
tanz' ich auf Merengueklänge
im Gedränge der Meeresenge,
trink einen Salzwein drauf,
setz' die Schaumkrone auf
und lege den Seegang ein,
mein Tun wird dann Neptun sein,
Arme zu Wasserarmen,
bin ich frei von Erbarmen,
frei von der Mehrwertsteuer,
Touristen seeungeheuer.

Nicht mit der Schlickwahl hadern!
Adern zu Wasseradern!
Köpfe zu Wasserköpfen!
Wo wir den Tag ausschöpfen,
bei meinen Polypen,
wir wattwatenden Typen:
Ein Seezungenkuss, wir beide
bis hinter der Wasserscheide,
unsre Becken als Wasserbecken
in Wasserhosen stecken,
und wir fahr'n dann in'nem Fjord
in'ner Fahrrinne fort.

Vögel, die bei Regen singen

Ich wünsch' dir
Vögel, die bei Regen singen,
vor der Tür und auch dahinter,
die Licht in deinen Dachstuhl bringen,
und Grillen, die auch noch im Winter
zirpen und auf Freiheit hoffen.
Mein lieber, bester Freund von vielen:
Halte Tür und Augen offen
und bleib' stets bereit, zu schielen.
Ich sitz' am Dachstuhlleiterrand,
von dem ich herzlich grüße:
Glücklich bleibe Deine Hand
und glücklich Deine Füße.

Ich wünsch' dir
Meisen, die Dein Haupt umkreisen,
eine Vierblattkleeblattplage,
guten Wein zu guten Preisen –
und das nur aus bester Lage.
Trink auf's Band zwischen uns Zweien,
es bleibt von großem Wert,
denn du bleibst bei Eseleien
stets das beste Pferd.
Ich will, das sag ich offen,
die Diät nicht hintertreiben
und trotzdem immer hoffen,
dass wir dicke Freunde bleiben.

WELTANFANG

Hochdruckgebiet Schwarzes Loch: Wahnwitz,
wo Gott wohnt. Er findet am Knallen Gefallen.
Der Urknall war sein grellster Geistesblitz,
man hört den Nachklang bis heute noch hallen.
Ein Einzeller übernimmt dann ab hier.
Wir war'n Wilde, die in Zelten und Höhlen mutierten.
Dein Großvater war ein Pantoffeltier.
In der Bronzezeit herrschten die Drittplatzierten.
Ich erkläre mal eben noch auf die Schnelle
eins der Gesetze, die heute noch gelten:
Gummibäume entstammen der Gummizelle
und mutierten im Jura zu Rechtsanwälten.

Salbt mich mit viel Nitroglyzerin

Fußpflege-Kundenpflege

Vor festlichen Tagen und festlichen Stunden
betreibt die Fußpflegerin Kundenpflege bei
                              Fußpflegekunden.
Zwölf Marmeladen, einladend in Gläser gefüllt,
verschickt sie in knallbuntes Tüllpapier gehüllt.

Ein Kunde denkt: „Das wird zur Fußpflege sein",
und reibt sich den Fuß gut mit dem Glasinhalt ein.
„Wunder geschehen", so mailt er ihr begeistert,
seitdem er den Fuß mit der „Salbe" bekleistert.

„Verworren die Wege, noch schräger der Sinn",
denkt sich die kundenpflegende Fußpflegerin,
kocht schnell noch mehr nach dem selben Rezept,

vermarktet als Salbe und Zusatz zum Bade
ganz à la nature ihre Ex-Marmelade.
Und wird schweinereich mit dem Firmenkonzept.

GLASAUGENSTERN

Hab' ich mal ein Glasauge, werf' ich's nach Dir,
während ich gleich schon das zweite riskier'.
Fällt Dir eins vor die Füße, Dir, die ich so mag,
ist das sozusagen ein Augenaufschlag.
Das tät' ich für Dich, denn ich hab' Dich so gern,
mein jetzig- und künftiger Glasaugenstern.

TANDEMROLLSTUHL

Ein Katheterbeutel für uns, aber doch zwei Schläuche.
Zwei Herzen, deren Kabel, da wir sparsam altern wollen,
synchron im Puls von einem Herzschrittmacher
                                           kommen sollen.
Eine Schnabeltasse mit zwei Schnäbeln für zwei Bäuche.
Ach, und wenn ich für die Stütze mit dem
                                        Stützstrumpf turne:
Wir zwei hoch auf dem Rollator und ins
                                        Tal geschmissen,
ein Corega Tabs in einem Glas mit zwei Gebissen.
Am Ende passt das bisschen Asche auch in eine Urne.

R.U.M.M.S.

RUMMS

Manche wollen in Särgen, mit Samt ausgeschlagen,
diesen letzten Weg unter die Erde wagen,
mancher will, dass man ihn vorher verbrennt.
Ich finde das alles zu dekadent,
selbst als Toter würde mir das nicht recht passen –
ich bitte Euch daher, mich sprengen zu lassen.
Wenn's also Zeit wird, ins Jenseits zu zieh'n,
dann salbt mich mit viel Nitroglyzerin.
Wenn dann einer sagt: „Der hat 'nen Knall gehabt!",
sag ich: „Drum soll es knallen, wenn Ihr mich begrabt.
Wenn's klappt, werde ich feiner Sprühnebel sein,
und so leg' ich mich auf meines Grabes Stein,
aufs Gras, auf die Zweige, als feiner Hauch –
und auf Euch, die Ihr um mich trauert, auch."

„Ja" zur Jauche

Wenn einst in mir nicht mehr die Feuer lodern,
lasst mich an des Badesees Grunde vermodern.
Wo in der Plörre Kinder Geplärr anstimmen
oder jauchzend durch meine Jauche schwimmen,
sich balgend die Algen in Schwingung versetzen,
da lös' ich mich auf, Fetzen für Fetzen.
Wenn sich Badenixen im Bikini dann zeigen,
lasse ich vom Grund Modergase steigen
wie im Whirlpool: Zusammen mit toten Fischen
will ich sie mit kleinen Bläschen erfrischen.
Die Optik wird auch ohne Brille stimmen:
Die Augäpfel können ja näher schwimmen.

Kleine Ode an William Shatners Nierenstein

Nach einer wahren Geschichte

Als man des Jahres Sensation
feilbot, und zwar per Auktion,
wurde neulich aufgerufen,
was William Shatners Nieren schufen,
damit just diese edlen Nieren
als Spender guter Tat fungieren.
Dollars, dreißigtausend Stück,
fehlten mir allein zum Glück,
als den Armen unser Kapitän
verhalf zu neuem Wohlergehen.
Oh, William Shatners Nierenstein,
er fehlt mir noch zum Glücklichsein,
sagt mir auch schon mein Urinstinkt,
dass so ein Stein nach Urin stinkt.
Ich trüge dieses kleine Ding
an meiner Hand so gern als Ring,
röch sie dann auch, das wär' der Preis,
nach dem Pissoir der Enterprise.

ZWISCHENSPEUZER

Ich hängte den Mantel auf, setzte mich nieder
in meinem prachtvollen Lieblingslokal,
ich bestellte die Karte und traf meine Wahl,
saß wartend beim Klingklang der Hintergrundlieder.

Da regte sich in meiner Kehle ein Jucken.
Ich griff zum Mantel, war auf der Suche
nach dem dort wartenden Taschentuche,
das Störende heimlich hineinzuspucken.

Dieser Plan war seit einer Minute vollendet,
als mir voller Schaudern ins Auge fiel:
ich hatte zum ganz falschen Mantel gegriffen!

Ich hatte das falsche Tuch wohl verwendet!
Ein Herr nahm mit Mantel den Ausgang zum Ziel.
Ich hab ihn auch nicht mehr zurückgepfiffen.

TAPFERE GESCHÖPFE

KRÖTENKANTATE

Du suchst im Privaten nach Delikatem,
nach guten Taten, die Liebe verraten?
Ich rate: Nimm' noch heute die Kröte als Bote.
Nimm eine gute, grünlich-rote und unbedrohte.

Dann kommt das unvertraute Krötengetute
Deiner Angebeteten in voller Breite zugute.
Schick' die Kröte in der Tüte auf postalischer Route.
Dann ist der Angebeteten exotisch zumute.

Die gute Krötenkantate tutet in voller Blüte
dann in ihrer Kajüte aus guter Krötentüte,
die einzig da steht unter allen Paketen!

Denn die balzende Kröte sagt mit ihrer Schnute
als Bote alles Gute mit frohem Getute
und Du findest den Draht zu ihr, den so erflehten!

SCHNEPFENBALZ

Betrachten wir nun mal die Schnepfe im Moor.
Ein so naher Einblick kommt sehr selten vor.
Die Schnepfe, die eben noch einsam schlich,
erblickt einen schlafenden Schnepferich.
Sie weckt ihn zunächst einmal mit Geklopfe
auf des verschnupften Tiers Schnepferich-Kopfe.
Auf dass Schnepfennachwuchs in Bälde ihr schlüpfe,
signalisiert nun sogleich mit sehr wildem Gehüpfe
die Moorschnepfe ihre geschlechtliche Reife,
gibt ihm nebst Kopfnuss
                        und Schienbeintritt Backpfeifen,
während sie lauthals die Balzklänge flötet.
Des Schnepferichs Kopf ist nun etwas gerötet.
Die Backpfeifen sind durchaus freundlich gemeint,
womit sie den Schnepferich gern an sich leint.
Sie beginnt nun kopflos mitten im Hupfen
an des Schnepferichs Kropfes Zapfen zu zupfen.
Was denselben erst einmal leicht irritiert.
Sie schröpft ihm den Kropf und den Schopf, tiriliert.
Der Schnepferich füllt ihr bald Näpfe und Töpfe.
Sehr tapfer sind männliche Schnepfen-Geschöpfe.

ODE DES DOKTORFISCHES AN DEN SCHMACKHAFTEN FUSS

Nach Stand der Undinge
tunken sie Körperteile in Moden
          (Socke drüber).
Dieses ungeile Reden von geilen Dingen,
die im Besitz von diesem und jenem sind
          (Socke drüber).
Ihr Opium-Optimum (Socke),
sein Morphium-Minimum (Socke):
Sie sollen die Klappe halten und knabbern,
oder sich nen Popel drehn,
ihn anzubeten.

          Der tiefere Sinn liegt
          in meinem Vergnügen,
          denn bevor ich die Vorhaut hörne
          (Socke drüber),
          zieh ich die Hornhaut vor,
          beiß in den Fuß, der sich bietet,
          komatöse Aromen,
          sie Cheddar, er Rocquefort,
          dann junger Parmesan,
          frisch gehobelt.
          Frisch abgebissen. Und
          Socke drüber.

ZÖCKEN

Es gibt in der Märchen- und Fabelwelt
wohl, weil das besonders den Kindern gefällt,
in großer Zahl Tiere mit menschlichen Zügen.
Warum sich mit dem schon Bekannten begnügen?
Wie andere Maja und Nemo schufen,
will ich Fabeltiere ins Leben rufen
und so etwas Neues zu Leben erwecken.
Ich wähle als mein neues Fabeltier: Zecken.
Noch etwas konkreter: Zeckenzicken
sollen das Fabelwelt-Licht erblicken,
also weibliche Zecken, die unerschrocken
gelegentlich mit Zeckenböcken zocken.
Ich gebe den Zecken als Waffe zwei Zacken,
mit denen sie manchmal die Böcke zwacken.

Doch wird es die Böcke nicht etwas bedrücken,
dass beim Zocken Zeckenzicken Zacken zücken?
Werden die Böcke sich nicht
                    vor Schrecken verschlucken –
oder wegen Zacken zückender
                    Zockerzickenzecken zucken?
Oder werden sie einfach die Koffer packen
und flüchten vor den Zockerzeckenzickenzacken?
Wird ihnen die Flucht schließlich auch glücken
vor dem Zockerzeckenzickenzackenzücken?
Werden sie sich wenigstens rechtzeitig ducken
vor lauter Zockerzeckenzickenzackenzückenzucken?

Warum sind überhaupt in dem Text namens „Zöcken"
die Zecken so garstig zu Zeckenböcken?
Sie soll'n sich die Zacken doch sonstwohin stecken,
diese zänkischen, zeternden, zotigen, zündelnden,
diese Zacken zückenden Zockerzickenzecken.

Enten sind die Bond-Autos der Tierwelt

Die mit Honig wir bestreichen,
sind im Tierreich ohnegleichen,
die wir essen, gar gesotten,
die ob des Watschelns wir verspotten,
als Porzellankitsch wir betätscheln,
am See mit Schimmeltoast verhätscheln,
sind zu Wasser, Luft, zu Lande
zu Seegang, Landgang, Flug imstande
und fliegen, schwimmen, laufen, grüßen
uns mit Schwimmhaut, Flügeln, Füßen.

Der Autor

Alex Dreppec studierte die Fächer Psychologie und Germanistik in Darmstadt und Frankfurt am Main und promovierte in ersterem. 2002 war er Finalist der deutschsprachigen Poetry Slam-Meisterschaften in Bern. 2004 wurde er mit dem Wilhelm-Busch-Preis ausgezeichnet. Dreppec veröffentlichte Lyrik, Essays und Kurzprosa in zahlreichen Anthologien (u.a. 2008 in „Der Große Conrady") und in Zeitschriften (z.B. im „English Journal" des „National Council of English Teachers", USA, 2014) sowie diverse Einzelpublikationen. Nahezu regelmäßig ist er z.B. in „Das Gedicht", „Exot. Zeitschrift für komische Literatur" und in „Parody on Impression" (New York) vertreten.

Er ist der Erfinder des Science Slam, der Ende 2006 in Darmstadt erstmals stattfand und der sich international ausbreitet sowie einer Salatsoße (Erdnussbutter warm machen und mit warmem Wasser und Joghurt mischen, Salz, Pfeffer, Zitrone oder heller Essig, etwas Zucker oder Akazienhonig, Koriander, frisch und klein gehackt oder gemahlen) und einer Obstsalatsoße (Grapefruitsaft, Joghurt, Kokosraspeln, Kardamom, süßen).

In dieser Sammlung stehen zuvor an über hundert Orten verstreut abgedruckte Gedichte erstmals nebeneinander und geben einen vielfältigen Einblick in das bunte Schaffen eines der führenden komischen Lyriker der Gegenwart.

Herr Özman aus Istanbul, früher wohnhaft bei Bocholt, hatte zwar keine Ahnung, wer ihm diesen anonymen Brief gesandt haben mochte, vermutete aber sogleich korrekt, dass der Absender tatsächlich „Konstantin" hieß.

Franziska Röchter (Hrsg.)
So (ne) Nette
Lyrische Poesie der Gegenwart im Sonett-Gewand
978-3-943292-07-7, chiliverlag 2013, EUR 11,00

Das Sonett lebt!
Es spricht für das Sonett, dass selbst einige Musiker zu den
Dichtern dieser Anthologie zählen. 33 Poeten der Gegen-
wart, darunter Alex Dreppec, Frank Stückemann, Thomas
Rackwitz, Günter Langenberg, Norbert J. Wiegelmann u.v.m.
sonettieren über wichtige Themen.
Mit einem Vorwort von **Alex Dreppec**, Erfinder des Science
Slam und einer der führenden komischen Lyriker der Gegen-
wart, sowie Fotos der Singer-/ Songwriterin und Musikerin
Svenja Leopold, www.svenjamusic.de.

Franziska Röchter (Hrsg.)
Jetzt anders! Ein Lesebuch voller Vielfalt
und für Toleranz
978-394-3-292-15-2, chiliverlag 2014, EUR 12,90

Von Alkoholismus, Autismus und Ausgrenzung, BIID, Depression, Fetischismus, Inklusion, Psychose, Schizophrenie bis hin zu Homo- und Transsexualität und Zwangsstörungen reichen die „besonderen" Erscheinungsformen menschlicher Existenz, mit denen sich 35 Autorinnen und Autoren in diesem Buch literarisch auseinandersetzen. Unter Ihnen Schriftsteller wie Alex Dreppec, Gerald Jatzek, Andreas Koch u.v.m. Mit Fotos von Jacqueline Nolting. Mit einem Essay über die „Normalitätslüge" von Josef Hader und einer Satire aus der Welt des Frauenfußballs von der bekannten Stürmerin und Erstligaspielerin des Herforder SV, **Romina Burgheim**.